Hermann Hesse

Eine Bibliothek
der Weltliteratur

Philipp Reclam jun. Stuttgart

RECLAMS UNIVERSAL-BIBLIOTHEK Nr. 7003
Alle Rechte vorbehalten
© 1953, 1978 Philipp Reclam jun. GmbH & Co., Stuttgart
Satz: Bauer & Bökeler, Denkendorf
Druck und Bindung: Reclam, Ditzingen
Printed in Germany 2008
RECLAM, UNIVERSAL-BIBLIOTHEK und
RECLAMS UNIVERSAL-BIBLIOTHEK sind eingetragene Marken
der Philipp Reclam jun. GmbH & Co., Stuttgart
ISBN 978-3-15-007003-1

www.reclam.de

Echte Bildung ist nicht Bildung zu irgendeinem Zwecke, sondern sie hat, wie jedes Streben nach dem Vollkommenen, ihren Sinn in sich selbst. So wie das Streben nach körperlicher Kraft, Gewandtheit und Schönheit nicht irgendeinen Endzweck hat, etwa den, uns reich, berühmt und mächtig zu machen, sondern seinen Lohn in sich selbst trägt, indem es unser Lebensgefühl und unser Selbstvertrauen steigert, indem es uns froher und glücklicher macht und uns ein höheres Gefühl von Sicherheit und Gesundheit gibt, ebenso ist auch das Streben nach ›Bildung‹, das heißt nach geistiger und seelischer Vervollkommnung, nicht ein mühsamer Weg zu irgendwelchen begrenzten Zielen, sondern ein beglückendes und stärkendes Erweitern unsres Bewußtseins, eine Bereicherung unsrer Lebens- und Glücksmöglichkeiten. Darum ist echte Bildung, ebenso wie echte Körperkultur, Erfüllung und Antrieb zugleich, ist überall am Ziele und bleibt doch nirgends rasten; ist ein Unterwegssein im Unendlichen, ein Mitschwingen im Universum, ein Mitschwingen im Zeitlosen. Ihr Ziel ist nicht Steigerung einzelner Fähigkeiten und Leistungen, sondern sie hilft uns, unsrem Leben einen Sinn zu geben, die Vergangenheit zu deuten, der Zukunft in furchtloser Bereitschaft offenzustehen.

Von den Wegen, die zu solcher Bildung führen, ist einer der wichtigsten das Studium der Weltliteratur, das allmähliche Sichvertrautmachen mit dem ungeheuren Schatz von Gedanken, Erfahrungen, Symbolen, Phantasien und Wunschbildern, den die Vergangenheit uns in den Werken der Dichter und Denker vieler Völker hinterlassen hat. Dieser Weg ist endlos, niemand kann ihn jemals zu Ende gehen, niemand könnte jemals die gesamte Literatur auch nur eines einzigen großen Kulturvolkes völlig durchstudieren und kennenlernen, geschweige denn die der ganzen Menschheit. Dafür ist aber jedes verstehende Eindringen in ein Denker- oder Dichterwerk von hohem Rang eine Erfüllung, ein beglückendes Erlebnis – nicht an totem Wissen, sondern an lebendigem Bewußtsein und Verständnis. Nicht darauf soll es uns ankommen, möglichst viel gelesen zu haben und zu kennen, sondern in einer freien, persönlichen Auswahl von Meisterwerken, denen wir uns in Feierstunden ganz hingeben, eine Ahnung zu bekommen von der Weite und Fülle des von Menschen Gedachten und Erstrebten, und zur Gesamtheit selbst, zum Leben und Herzschlag der Menschheit, in ein belebendes, mitschwingendes Verhältnis zu kommen. Dies ist schließlich der Sinn alles Lebens, soweit es nicht bloß der nackten Notdurft dient. Keineswegs etwa ›zerstreuen‹ soll uns das Lesen, sondern vielmehr sammeln, nicht über ein sinnloses Leben uns wegtäuschen und mit einem Scheintroste betäuben, sondern unserm Leben im Gegenteil einen immer höhern, immer volleren Sinn geben helfen.

Die Auswahl nun, in der wir die Weltliteratur kennenlernen, wird für jeden einzelnen eine andere sein; sie hängt nicht nur davon ab, wieviel Zeit und Geld ein Leser diesem edlen Bedürfnis zu opfern hat, sondern noch von vielen anderen Umständen. Dem einen wird etwa Platon der verehrte Weise, Homer der geliebteste Dichter sein, und stets werden sie für ihn der Mittelpunkt aller Literatur sein, von welchem aus er alles andre ordnet und beurteilt; einem andern werden andre Namen diese Stellung ausfüllen. Der eine wird zum Genuß edler Versgebilde, zum Miterleben geistvoller Phantasiespiele und schwingender Sprachmusik fähig sein, der andre mehr beim streng Verständigen bleiben; der eine wird stets den Werken seiner Muttersprache den Vorzug geben, ja gar keine anderen lesen mögen, ein anderer wieder wird etwa eine besondere Vorliebe für die Franzosen, für die Griechen, für die Russen haben. Dazu kommt noch, daß auch der denkbar Gelehrteste immer nur einige wenige Sprachen kennt und daß nicht nur nicht alle bedeutenden Werke anderer Zeiten und Völker ins Deutsche übersetzt sind, sondern daß sehr viele Dichtungen überhaupt unübersetzbar sind. Echte Lyrik zum Beispiel, welche nicht nur in angenehm gebauten Versen hübsche Inhalte häuft, sondern in welcher Wort und Vers selbst zum Inhalte, in welcher die Musik einer schöpferischen Sprache schwingendes Symbol der Welt und der Lebensvorgänge wird – solche Lyrik bleibt stets an die einmalige Sprache des Dichters, an seine Muttersprache nicht nur, sondern an seine persönliche, nur ihm allein mögliche Dichtersprache gebunden und ist also unübersetzbar. Einige der edelsten und kostbarsten Dichtungen – es sei etwa an die provenzalischen Troubadour-Gedichte erinnert – sind nur für sehr wenige Menschen überhaupt noch erreichbar und genießbar, denn ihre Sprache ist zusammen mit der Kulturgemeinschaft, aus welcher sie stammen, untergegangen und nur auf gelehrtem Wege in liebevollem Studium wieder zum Tönen zu bringen. Immerhin haben wir Deutsche das Glück, über einen außerordentlich reichen Schatz an guten Übersetzungen aus fremden und toten Sprachen zu verfügen.

Wichtig für ein lebendiges Verhältnis des Lesers zur Weltliteratur ist vor allem, daß er sich selbst und damit die Werke, die auf ihn besonders wirken, kennenlerne und nicht irgendeinem Schema oder Bildungsprogramm folge! Er muß den Weg der Liebe gehen, nicht den der Pflicht. Sich zum Lesen irgendeines Meisterwerkes zu zwingen, nur weil es so berühmt ist und weil man sich schämt, es noch nicht zu kennen, wäre sehr verkehrt. Statt dessen muß jeder mit dem Lesen, Kennen und Lieben dort beginnen, wo es ihm natürlich ist. Einer wird schon in frühen Schuljahren die Liebe zu schönen Versen in sich entdecken, ein andrer die Liebe zur Geschichte oder den Sagen seiner Heimat, ein andrer vielleicht die Freude an Volksliedern, und wieder ein andrer wird das Lesen dort als reizend und beglückend empfinden, wo er Gefühle unsres Herzens genau untersucht und von einem überlegenen Verstande gedeutet findet. Der Wege sind tausend. Vom Schullesebuch, vom Kalender kann man ausgehen und kann bei Shakespeare, Goethe oder Konfuzius enden. Ein Werk, das uns gerühmt wird, das wir zu lesen versuchen und das uns nicht gefällt, das uns Widerstände entgegensetzt und uns nicht in sich einlassen will, sollen wir nicht mit Gewalt noch mit Geduld bezwingen wollen, sondern es wieder weglegen. Darum soll man auch Kinder und ganz junge Menschen nie allzusehr zu einer bestimmten Lektüre ermuntern und anhalten; man kann jungen Menschen dadurch die schönsten Werke, ja das echte Lesen überhaupt, fürs ganze Leben entleiden. Jeder knüpfe dort an, wo eine Dichtung, ein Lied, ein Bericht, eine Betrachtung ihm gefallen hat, er suche von dort aus nach Ähnlichem weiter.

Genug nun der Einleitung! Jedem Strebenden steht der ehrwürdige Bildersaal der Weltliteratur offen, keiner braucht sich durch seine Fülle schrecken zu lassen, denn es kommt nicht auf die Masse an. Es gibt Leser, welche zeitlebens mit einem Dutzend Bücher auskommen und dennoch echte Leser sind. Und es gibt andre, die alles geschluckt haben und über alles mitzureden wissen, und doch war all ihre Mühe vergebens. Denn Bildung setzt etwas zu Bildendes voraus: einen Charakter nämlich, eine Persönlichkeit. Wo die nicht vorhanden sind, wo sich Bildung ohne Substanz gewissermaßen im Leeren vollzieht, da kann wohl Wissen entstehen, nicht aber Liebe und Leben. Lesen ohne Liebe, Wissen ohne Ehrfurcht, Bildung ohne Herz ist eine der schlimmsten Sünden gegen den Geist.

Gehen wir auf unsre Aufgabe los! Ohne irgendwelches gelehrte Ideal, ohne irgend auf Vollständigkeit erpicht zu sein, im wesentlichen einfach meiner ganz persönlichen Lebens- und Leser-Erfahrung folgend, will ich auf diesen Seiten den Versuch machen, eine ideale kleine Bibliothek der Weltliteratur zu beschreiben. Nur noch einige praktische Winke über den Umgang mit Büchern seien vorausgeschickt!

Wer einmal den Anfang des Weges zurückgelegt und sich in der unsterblichen Welt der Bücher etwas heimisch gemacht hat, der wird bald nicht nur zum Inhalt der Bücher, sondern zum Buche selbst in ein neues Verhältnis treten. Daß man Bücher nicht nur lesen, sondern auch kaufen solle, ist eine häufig gepredigte Forderung, und als alter Bücherfreund und Besitzer einer nicht kleinen Bibliothek kann ich aus Erfahrung versichern, daß das Bücherkaufen nicht bloß dazu dient, die Buchhändler und die Autoren zu füttern, sondern daß der Besitz von Büchern (nicht bloß ihre Lektüre) seine ganz eigenen Freuden und seine eigene Moral hat. Eine Freude kann es zum Beispiel sein und ein entzückender Sport, bei sehr knappen Geldverhältnissen unter Benutzung der billigeren Volksausgaben und beständigem Studium vieler Kataloge sich klug, zäh und listig allmählich allen Schwierigkeiten zum Trotz eben doch eine schöne kleine Bücherei zu schaffen. Umgekehrt gehört es für den gebildeten Reichen zu den ganz ausgesuchten Freuden, von jedem Lieblingsbuche die beste, schönste Ausgabe aufzutreiben, seltene alte Bücher zu sammeln und seinen Büchern dann eigene, schöne, liebevoll ausgedachte Einbände zu geben. Hier stehen, vom sorgsamen Anlegen des Spargroschens bis zum höchsten Luxus, viele Wege, viele Freuden offen.

Wer mit dem Aufbau einer eigenen Bücherei beginnt, der wird vor allem andern darauf sehen, nur gute Ausgaben zu erwerben. Unter ›guten Ausgaben‹ verstehe ich nun nicht kostbare, sondern solche, deren Texte wirklich sorgfältig und mit der Ehrfurcht behandelt sind, die edlen Werken gebührt. Es gibt manche teure, in Leder gebundene, mit Gold bedruckte und mit Bildern geschmückte Ausgaben, die nichtsdestoweniger lieblos und miserabel gemacht sind, und es gibt wohlfeile Volksausgaben, deren Herausgeber treu und musterhaft gearbeitet haben. Eine beinahe allgemein eingerissene Unsitte ist es, daß jeder Herausgeber eines Autors seine Ausgabe unter dem Titel ›Sämtliche Werke‹ anzeigen darf, während seine Ausgabe doch nur eine bescheidene Auswahl aus diesen Werken darstellt. Und wie verschieden können verschiedene Herausgeber einen Dichter auswählen! Ob ein Mensch in tiefer Verehrung und Liebe aus einem Dichter, den er in vielen Jahren immer wieder gelesen hat, eine weise Auswahl herstellt, oder ob ein beliebiger Literat, der gerade diesen Auftrag zufällig bekommen hat, in liebloser hastiger Arbeit eine solche Auswahl hinwirft, ist wahrlich nicht dasselbe. Und dann müssen bei jeder anständigen Neuausgabe die Texte auf das sorgfältigste geprüft werden. Es gab und gibt eine Menge von beliebten Dichterwerken, die ein Drucker dem andern immer wieder nachdruckte, ohne daß die Ur-Ausgaben zu Rate gezogen wurden, und am Ende wimmelt der Text von Irrtümern, Entstellungen und andern Fehlern. Ich könnte erstaunliche Beispiele nennen. Aber leider ist es nicht möglich, dem Leser hierüber Rezepte in die Hand zu geben, etwa gewisse Verleger und ihre Ausgaben unbedingt als Muster oder als tadelnswert zu nennen. Beinahe jeder deutsche Klassikerverlag besitzt einige gute und einige weniger geglückte Ausgaben; bei dem einen finden wir den vollständigsten Heine mit den bestkontrolliertesten Texten, aber dafür ist bei ihm der Lenau oder Stifter ungenügend bearbeitet. Außerdem wechseln diese Zustände beständig. Kürzlich hat ein angesehener Verlag, in dessen Klassikerausgaben jahrzehntelang der Dichter Novalis mit auffallender Lieblosigkeit behandelt war, gerade von Novalis eine Neuausgabe gebracht, die alle strengsten Forderungen erfüllt. Aber man hüte sich davor, bei der Wahl seiner Ausgaben mehr auf Papier und Einband zu sehen als auf die Güte der Texte, und man hüte sich auch davor, der äußeren Einheitlichkeit wegen möglichst alle ›Klassiker‹ in uniformen Ausgaben zu kaufen, sondern man suche und frage, bis man von dem Dichter, dessen Werke man kaufen will, die jeweils beste Ausgabe ausfindig gemacht hat. Mancher Leser ist ja auch zum Beispiel selbständig genug, um selbst zu entscheiden, von welchen Dichtern er möglichst vollständige Ausgaben wünscht, von welchen andern ihm Auswahlen genügen. Von einigen Dichtern gibt es vollständige und befriedigende Ausgaben zur Zeit überhaupt nicht, oder es sind Gesamtausgaben zwar seit Jahren und Jahrzehnten in der Herausgabe begriffen, aber es besteht keine Aussicht, ihr Fertigwerden zu erleben. Dann heißt es sich mit einer modernen minderen Ausgabe begnügen, oder aber mit Hilfe der Antiquare sich der alten Ausgabe zu bemächtigen. Von manchen deutschen Dichtern gibt es drei, vier vortreffliche Ausgaben, von anderen nur eine einzige, von manchen leider keine. Es fehlt noch immer ein vollständiger Jean Paul, es fehlt ein genügender Brentano. Die so wichtigen Jugendschriften Friedrich Schlegels, die Schlegel selbst in seinen späteren Jahren nicht mehr mit in seine Werke aufgenommen hat, sind vor Jahrzehnten einmal musterhaft wieder herausgegeben worden, aber seit vielen Jahren vergriffen, und es ist nie ein Ersatz gekommen. Von einigen Dichtern (z. B. Heinse, Hölderlin, die Droste) hat unsre heutige Zeit nach jahrzehntelanger Vernachlässigung wundervolle Ausgaben zustande gebracht. Unter den wohlfeilen Volksausgaben, in welchen man Werke aller Völker und Zeiten finden kann, steht noch immer Reclams Universal-Bibliothek unbestritten obenan. Von manchen Dichtern, die ich liebe und von deren Werken ich auch das kleinste und unbekannteste nicht entbehren mag, besitze ich zwei, ja drei verschiedene Ausgaben, deren jede irgend etwas enthält, was in allen anderen fehlt.

Gilt dies schon von unserem eigenen Besitz, von den Werken unsrer besten deutschen Dichter, so wird die Sache noch um vieles heikler, wo es sich um Übersetzungen aus andern Sprachen handelt. Die Zahl der wirklich klassischen Übersetzungen ist nicht eben groß; Werke wie Martin Luthers deutsche Bibel, wie Schlegel-Tiecks deutscher Shakespeare gehören dazu, in diesen Meisterübersetzungen hat unser Volk sich Werte einer fremden Sprache angeeignet – für eine lange Zeit, aber nicht für ewig! Diese »lange Zeit« geht einmal zu Ende, und zum Beispiel Luthers Bibel würde vom größeren Teil unsres Volkes nicht mehr verstanden werden können, wenn sie nicht sprachlich immer wieder überarbeitet und der Zeit angepaßt würde. Und neuestens ist eine völlig neue deutsche Bibel im Erscheinen begriffen, deren Übersetzung von Martin Buber geleitet wird und in der wir das vertraute Buch unsrer Kindheit kaum wiedererkennen, so sehr hat seine Gestalt sich verändert. Luthers Bibeldeutsch ist dicht an der Grenze des Alters, das Werke unsrer Sprache erreichen können. Das Deutsch vom Jahre 1500 ist dem heutigen Deutschen schon sehr fremd geworden. Eine einzigartige Ausnahme macht das italienische Volk mit Dante, von dessen Gedicht noch heute sehr viele Italiener große Teile auswendig wissen. Kein andrer Dichter in Europa hat, ohne sehr umgeändert oder geradezu übersetzt zu werden, ein solches Alter erreicht. Für uns Deutsche aber ist die Frage, in welcher deutschen Übersetzung wir Dante lesen sollen, überhaupt nicht zu lösen, jede Übersetzung ist nur eine Annäherung, und wo wir uns von einzelnen Stellen einer Übersetzung ergriffen fühlen, gerade da greifen wir begierig nach dem Original und suchen das Altitalienisch der ehrwürdigen Verse einfühlend zu verstehen.

Wir gehen nun an unsre Aufgabe, eine gute kleine Weltbücherei aufzubauen, und da stoßen wir gleich auf einen Grundsatz aller Geistesgeschichte: daß nämlich die

allerältesten Werke am wenigsten veralten. Was heute
Mode ist und Aufsehen erregt, kann morgen wieder ver-
worfen werden; was heute neu und interessant ist, ist es
übermorgen nicht mehr. Was aber erst einmal einige
Jahrhunderte überdauert hat und noch immer nicht vergessen oder untergegangen ist, dessen Wertschätzung
wird auch innerhalb unsrer Lebenszeit vermutlich keine
großen Schwankungen mehr durchmachen.

Wir beginnen mit den ältesten und heiligsten Zeugnissen
des Menschengeistes, mit den Büchern der Religionen
und der Mythen. Außer der uns allen bekannten *Bibel*
stelle ich an den Anfang unsrer Bücherei jenen Teil der
altindischen Weisheit, den man *Vedanta*, Ende des Veda,
nennt, in Form einer Auswahl aus den *Upanishaden*.
Eine Auswahl aus den *Reden des Buddha* gehört mit
dazu, und nicht minder der aus Babylon stammende *Gil-
gamesch*, das gewaltige Lied vom großen Helden, der es
unternimmt, mit dem Tod zu kämpfen. Aus dem alten
China wählen wir die *Gespräche* des KONFUZIUS, das
Tao-te-King des LAO-TSE und die herrlichen *Gleichnisse*
des DSCHUANG DSI. Damit haben wir die Grundakkorde
aller menschlichen Literatur angeschlagen: das Streben
nach Norm und Gesetz, wie es im *Alten Testament* und
bei Konfuzius sich vorbildlich ausspricht, das ahnungs-
volle Suchen nach Erlösung von der Ungenüge irdischen
Daseins, wie es die Inder und das *Neue Testament* ver-
künden, das Geheimwissen um die ewige Harmonie jen-
seits der ruhelosen, vielgestaltigen Erscheinungswelt, die
Verehrung der Natur- und der Seelengewalten in Gestalt
von Göttern und das beinahe schon gleichzeitige Wissen
oder Ahnen darum, daß Götter nur Sinnbilder sind und
daß Macht und Schwäche, Jubel und Leid des Menschen

12

in des Menschen Hände gelegt sind. Alle Spekulationen abstrakten Denkens, alle Spiele der Dichtung, alles Leid über die Hinfälligkeit unsres Daseins, aller Trost und aller Humor ist in jenen wenigen Büchern schon zum Ausdruck gekommen. Eine Auswahl aus der klassischen *Lyrik der Chinesen* gehört mit dazu.

Von den späteren Werken des Orients ist unserer Bücherei unentbehrlich die große Märchensammlung *Tausendundeine Nacht,* eine Quelle unendlichen Genusses, das reichste Bilderbuch der Welt. Obwohl alle Völker der Welt wunderschöne Märchen gedichtet haben, genügt in unsrer Sammlung vorerst dieses klassische Zauberbuch, ergänzt einzig durch unsere eigenen *deutschen Volksmärchen* in der Sammlung der Brüder GRIMM. Sehr erwünscht wäre uns eine schöne Blütenlese aus der *persischen Lyrik,* leider ist ein solches Buch in deutscher Nachdichtung nicht vorhanden, nur HAFIS und OMAR CHAYAM sind häufig übersetzt worden.

Wir kommen zur europäischen Literatur. Aus der reichen und herrlichen Welt der antiken Dichtung wählen wir uns nicht nur die beiden großen Gedichte des HOMER, damit haben wir die ganze Luft und Stimmung des alten Griechenland, vielmehr es gehören dazu auch die drei großen Tragiker ÄSCHYLUS, SOPHOKLES und EURIPIDES, welchen wir die Anthologie beigesellen, die klassische Blütenlese lyrischer Dichter. Wenden wir uns zur Welt der griechischen Weisheit, so stoßen wir wieder auf eine schmerzliche Lücke: den wirksamsten, vielleicht wichtigsten Weisen Griechenlands, SOKRATES, müssen wir uns aus den Schriften mehrerer anderer, namentlich PLATONS und XENOPHONS, in Bruchstücken zusammensuchen. Ein Buch, welches die wertvollsten Zeugnisse über Leben und Lehre des Sokrates übersichtlich zusammenstellt, wäre eine Wohltat. Die Philologen wagen sich an diese Arbeit nicht heran, sie wäre auch in der Tat heikel. Die eigentlichen Philosophen beziehe ich in unsre Bibliothek nicht ein. Dagegen ist uns ARISTOPHANES unentbehrlich, dessen Lustspiele die große Reihe europäischer Humoristen ehrwürdig einleiten. Auch wollen wir von PLUTARCH, dem Meister der Heldenbiographie, zumindest einen oder zwei Bände aufnehmen, und auch LUKIAN darf nicht ganz fehlen, der Meister des spöttischen Fabulierens. Nun fehlt uns noch etwas Wichtiges: ein Buch, das die Geschichten der griechischen Götter und Heroen erzählt. Die Mythologiebücher sind unzulänglich. In Ermangelung eines andern Werkes greifen wir zu GUSTAV SCHWABS *Sagen des klassischen Altertums*, welche zwar nicht sehr tief gehen, aber doch eine Menge der schönsten Mythen in sehr guter Haltung erzählen. Neuestens hat Schwab übrigens einen ernsthaften Nachfolger erhalten: Albrecht Schäffer hat ein griechisches Sagenbuch begonnen, dessen erste Teile erschienen sind und viel versprechen.

Bei den Römern habe ich immer die Geschichtsschreiber den Dichtern vorgezogen, immerhin werden wir HORAZ, VERGIL und OVID aufnehmen, neben sie aber auch den TACITUS stellen, dem ich noch den SUETON beifüge, sowie das *Satyrikon* des PETRONIUS, diesen witzigen Sittenroman aus der Zeit des Nero, und den *Goldenen Esel* des APULEJUS. In diesen beiden Werken sehen wir den inneren Verfall der Antike in der römischen Kaiserzeit. Neben diese weltmännischen und etwas spielerischen Bücher aus dem niedergehenden Rom stelle ich ein großes, unheimliches Gegenstück, ebenfalls lateinisch geschrieben, aber aus einer andern Welt, aus der des jungen Christentums stammend: die *Bekenntnisse* des heiligen AUGUSTIN. Die etwas kühle Temperatur der römischen Antike weicht einer anderen, weiter gespannten Atmosphäre, der des beginnenden Mittelalters.

Die Geisteswelt des Mittelalters, das man bis vor kurzem bei uns allgemein das ›dunkle‹ nannte, ist von unseren Vätern und Großvätern stark vernachlässigt worden, und so kommt es, daß wir von der lateinischen Literatur jener Jahrhunderte wenig moderne Ausgaben und Übersetzungen besitzen; eine rühmliche Ausnahme macht das ausgezeichnete Werk Paul von Winterfelds: *Deutsche Dichter des lateinischen Mittelalters,* das mir für unsere Bibliothek sehr willkommen ist. Als Inbegriff und Krone des großartigen mittelalterlichen Geistes lebt in der Dichtung DANTES *Göttliche Komödie* fort, außerhalb Italiens und gelehrter Kreise nur von wenigen mehr ernstlich gelesen, aber immer wieder tiefe Wirkungen ausstrahlend, eins der paar großen Jahrtausendbücher der Menschheit.

Als zeitlich nächstfolgendes Buch aus der altitalienischen Dichtung wählen wir das *Dekameron* des BOCCACCIO. Diese berühmte, bei Prüden um ihrer Derbheiten willen berüchtigte Novellensammlung ist das erste große Meisterwerk europäischer Erzählungskunst, in einem wunderbar lebendigen Altitalienisch geschrieben und viele Male in alle Kultursprachen übersetzt. Gewarnt sei vor den vielen schlechten Ausgaben. Von den modernen deutschen empfehle ich die des Insel-Verlages. Von Boccaccios zahlreichen Nachfolgern, die drei Jahrhunderte lang viele berühmte Novellenbücher verfaßt haben, erreicht ihn keiner, doch soll eine Auswahl aus ihnen (etwa

die von Paul Ernst herausgegebene) in unserer Liste
nicht fehlen. Von den italienischen Verserzählern der
Renaissance können wir ARIOSTO nicht entbehren, den
Dichter des *Rasenden Roland*, eines zauberhaften romantischen Irrgartens voll entzückender Bilder und aus-
erlesener Einfälle, Vorbild für zahlreiche Nachfolger,
deren letzter und vielleicht bester unser Wieland war.
PETRARCAS *Sonette* stellen wir in die Nähe und vergessen
die *Gedichte* des MICHELANGELO nicht, einsam und stolz
steht das kleine ernste Buch inmitten seiner Zeit. Als ein
Zeugnis für Ton und Lebensstimmung der italienischen
Renaissance nehmen wir auch die *Selbstbiographie* des
BENVENUTO CELLINI auf. Die spätere italienische Dichtung kommt wenig mehr für unsere Auswahl in Betracht,
etwa noch zwei, drei Komödien von GOLDONI und ro-
mantische Märchenstücke von GOZZI, und dann im
neunzehnten Jahrhundert die herrlichen Lyriker LEO-
PARDI und CARDUCCI.
Zum Schönsten, was das Mittelalter hervorgebracht hat,
gehören die französischen, englischen und deutschen
christlichen Heldensagen, vor allem jene von der Tafel-
runde des Königs Artus. Ein Teil dieser über ganz Europa verbreiteten Sagen findet sich in den *Deutschen
Volksbüchern* aufbewahrt, denen ein Ehrenplatz in unserer Sammlung gebührt. Die beste moderne Ausgabe ist
die von Richard Benz besorgte. Sie gehören neben das
Nibelungenlied und das *Gudrunlied*, obwohl sie nicht,
wie diese, Originaldichtungen, sondern späte, aus ver-
schiedenen Sprachen übersetzte Bearbeitungen weitver-
breiteter Stoffe sind. Die Gedichte der *provenzalischen
Troubadours* wurden schon erwähnt, ihre Schüler waren
die WALTHER VON DER VOGELWEIDE, GOTTFRIED VON

Strassburg, Wolfram von Eschenbach, deren Werke wir (d.h. die *Gedichte* Walthers, den *Tristan* Gottfrieds und den *Parzival* Wolframs) dankbar in unsere Bibliothek aufnehmen, ebenso wie eine gute Auswahl aus den Liedern der ritterlichen Minnesänger. Wir sind damit am Ende des Mittelalters angelangt. Mit dem Abwelken der christlich-lateinischen Literatur und der großen Sagenquellen entstand damals in Europa in Leben und Literatur etwas Neues, die einzelnen Nationalsprachen lösten das Latein allmählich ab, und eine nicht mehr mönchische und anonyme, sondern städtische und individuelle Art von Dichtung (wie sie in Italien mit Boccaccio begann) nahm ihren Beginn.

In Frankreich blühte damals, einsam und verwildert, ein außerordentlicher Dichter auf, Fr. Villon, dessen wilde, unheimliche Gedichte ohnegleichen sind. Gehen wir weiter durch die französische Literatur, so finden wir manches für uns Unentbehrliche: mindestens einen Band *Essays* von Montaigne müssen wir haben, und dann den *Gargantua* und den *Pantagruel* von Fr. Rabelais, dem lachenden Meister des Humors und der Philisterverachtung, dann die *Gedanken* und vielleicht auch noch die *Jesuitenbriefe* Pascals, des einsamen Frommen und aszetischen Denkers. Von Corneille müssen wir den *Cid* und *Horace* haben, von Racine die *Phädra,* die *Athalie* und die *Bérénice,* damit besitzen wir die Väter und Klassiker des französischen Theaters, doch gehört dazu noch der dritte Stern, der Komödiendichter Molière, dessen Meisterdramen wir in einem Auswahlband hinzufügen — oft denken wir ihn zur Hand zu nehmen, den Meister des Spotts, den Schöpfer des *Tartüff.* Die Fabeln Lafontaines, obwohl sie entzückend sind, und den *Télémach* des

feinen FÉNELON werden wir seltener zur Hand nehmen,
besitzen wollen wir aber auch sie. Von VOLTAIRE glauben
wir die Dramen entbehren zu können ebenso wie die
Versdichtungen, aber einen oder zwei Bände seiner blit-
zenden Prosa müssen wir haben, vor allem den *Candide*
und den *Zadig*, deren Spottlust und gute Laune eine
Zeitlang der Welt als Vorbild dessen galten, was man
französischen Geist nannte. Aber Frankreich hat viele
Gesichter, auch das Frankreich der Revolution, und außer Voltaire brauchen wir auch noch den *Figaro* von
BEAUMARCHAIS sowie die *Bekenntnisse* von ROUSSEAU.
Aber da fällt mir ein: ich habe den *Gil Blas* von LESAGE
vergessen, den wundervollen Schelmenroman, und die
Geschichte der Manon Lescaut, die rührende Liebesge-
schichte des ABBÉ PRÉVOST. Dann kommt die französische Romantik und, ihre Erbin, die Reihe der großen
Romanciers – Hunderte von Büchertiteln möchte man
da nennen! Aber halten wir uns an das wirklich Einzigartige und Unersetzliche! Da sind vor allem die Romane
Rot und Schwarz und *Die Kartause von Parma* von
STENDHAL (Henry Beyle), in denen aus dem Kampf einer
glühenden Seele mit einem überlegenen, mißtrauisch
wachen Verstand eine ganz neue Art von Dichtung ent-
standen ist. Nicht minder einzig ist BAUDELAIRES Ge-
dichtband *Les fleurs du mal* – neben diesen beiden werden die liebenswürdigen Gestalten von MUSSET und die
charmanten romantischen Erzähler GAUTIER und MUR-
GER klein. Es folgt BALZAC, von dessen Romanen wir
mindestens den *Goriot,* die *Grandet, Das Chagrinleder,*
Die Frau von dreißig Jahren haben müssen. Diesen hefti-
gen, mit Stoff überfüllten, vor Leben berstenden Büchern gesellen wir die meisterhaften, edlen Novellen von

18

MÉRIMÉE bei und die Hauptwerke des subtilsten französischen Prosaisten FLAUBERT, die *Madame Bovary* und
die *Education sentimentale.* Von hier zu ZOLA geht es einige Stufen abwärts, doch muß auch er dabei sein, etwa
mit dem *Assommoir* oder der *Sünde des Priesters,* und
ebenso MAUPASSANT mit einigen seiner etwas morbiden,
schönen Novellen. Damit sind wir an der Grenze der
neuesten Zeit angelangt, die wir nicht überschreiten wollen, sonst wären noch manche edle Werke zu nennen.
Nicht vergessen aber dürfen wir die Gedichte von PAUL
VERLAINE, diese beseeltesten, zartesten aller französischen Gedichte.

In der englischen Literatur beginnen wir nun mit den
Canterbury-Geschichten von CHAUCER (14. Jahrhun-
dert), die zum Teil von Boccaccio entlehnt sind, aber
neuer im Ton; er ist der erste eigentlich englische Dich-
ter. Neben sein Buch stellen wir die Werke SHAKESPEA-
RES, nicht in Auswahl, sondern vollständig. Mit hoher
Achtung sprachen unsere Lehrer von MILTONS *Verlore-
nem Paradies,* aber hat einer von uns es gelesen? Nein.
Wir verzichten also darauf, vielleicht ungerecht. CHES-
TERFIELDS *Briefe* an seinen Sohn sind kein tugendhaftes
Buch, aber nehmen wir es doch auf. Vom Dichter des
Gulliver, SWIFT, dem genialen Iren, nehmen wir alles auf,
was wir nur bekommen können; sein großes Herz, sein
bitterer blutiger Humor, seine vereinsamte Genialität
wiegt alle Schrullen seines Sonderlingtums reichlich auf.
Von den vielen Werken des DANIEL DEFOE ist uns der
Robinson Crusoe wichtig und auch die *Geschichte der
Moll Flanders,* mit ihnen hebt die stattliche Reihe der
klassischen englischen Romane an. FIELDINGS *Tom Jo-
nes* und auch SMOLLETS *Peregrine Pickle* nehmen wir

womöglich mit auf, ganz gewiß aber STERNES *Tristram Shandy* und seine *Empfindsame Reise,* zwei Bücher von echt englischer Haltung, vom Sentimentalen zum krausesten Humor springend. Von OSSIAN, dem romantischen Barden, genügt uns das, was wir in Goethes *Werther* finden. Die Gedichte von SHELLEY und von KEATS dürfen wir nicht vergessen, sie gehören zum Schönsten an Lyrik, was es gibt. Von BYRON dagegen, so sehr ich diesen romantischen Übermenschen bewundere, begnügen wir uns nur mit einem seiner großen Gedichte, am besten dem *Childe Harold.* Auch einen der historischen Romane von WALTER SCOTT nehmen wir aus Pietät auf, etwa den *Ivanhoe.* Und von dem unglücklichen DE QUINCEY nehmen wir, obwohl sie ein sehr pathologisches Buch sind, die *Bekenntnisse eines Opiumessers.* Ein Band *Essays* von MACAULAY darf uns nicht entgehen, und von CARLYLE, dem Bittern, nehmen wir außer den *Helden* vielleicht auch noch den *Sartor Resartus* seines so sehr englischen Witzes wegen. Dann kommen die großen Sterne des Romans: THACKERAY mit dem *Jahrmarkt der Eitelkeit* und dem *Snobs-Buch,* und DICKENS, der trotz aller gelegentlichen Rührsamkeit doch königlichste englische Erzähler mit seinem gütigen Herzen und seiner prachtvollen Laune, von ihm müssen wir mindestens die *Pickwickier* und den *Copperfield* haben. Von seinen Nachfolgern scheint uns besonders MEREDITH wichtig, namentlich sein *Egoist,* und womöglich nehmen wir auch den *Richard Feverel* mit auf. Die schönen Gedichte von SWINBURNE (allerdings in hervorragendem Maße unübersetzbar!) dürfen auch nicht fehlen und nicht ein oder zwei Bände von OSCAR WILDE, vor allem sein *Dorian Grey* und einige Essays. – Die amerikanische Dichtung sei vertreten durch einen Novellenband von Poe, dem Dichter der Angst und des Grauens, und die kühnen pathetischen Gedichte Walt Whitmans.

Aus Spanien holen wir uns vor allem andern den *Don Quijote* von Cervantes, eines der grandiosesten und zugleich entzückendsten Bücher aller Zeiten, die Geschichte des irrenden Ritters und seiner Kämpfe mit eingebildeten Bösewichtern und seines fetten Knappen Sancho, zweier unsterblicher Figuren. Wir verzichten aber auch nicht auf die Novellen dieses selben Dichters, sie sind wahre Kleinode einer überlegenen Erzählungskunst. Auch einen der berühmten spanischen Schelmenromane müssen wir haben, einen der Vorgänger des braven Gil Blas. Die Wahl fällt schwer, ich entscheide mich für den *Erzschelm Pablo Segovia* von Quevedo y Villegas, ein saftiges Stück voll heftiger Abenteuer und toller Witze. Von den spanischen Dramatikern, deren eine stattliche und edle Reihe existiert, halten wir für einzig unentbehrlich Calderón, den großen Dichter des Barock, den Magier einer halb weltlich-pomphaften, halb geistlich-erbaulichen Bühne.

Noch bleiben uns verschiedene Literaturen zu durchwandern, so die niederländische und vlämische, aus der wir den *Tyl Ulenspegel* von de Coster und den *Max Havelaar* von Multatuli wählen. Costers Roman, eine Art späten Bruders des *Don Quijote,* ist ein Epos des vlämischen Volks. *Havelaar* ist das Hauptbuch des Märtyrers Multatuli, der vor einigen Jahrzehnten sein Leben dem Kampf für die Rechte der ausgebeuteten Malaien widmete.

Die Juden, das zerstreute Volk, haben an vielen Orten und in vielen Sprachen der Welt Werke hinterlassen, deren einige wir hier nicht vergessen dürfen. Die hebräischen Gedichte und Hymnen des spanischen Juden Jehuda Halévy gehören dazu und die schönsten Legenden der chassidischen Juden, wir finden sie in Martin Bubers klassischer Übertragung in seinen Büchern *Baalschem* und *Der große Maggid*.

Aus der nordischen Welt nehmen wir in unsere Sammlung die *Lieder der alten Edda,* von den Brüdern Grimm übertragen, sowie eine der isländischen Sagas, etwa die vom *Skalden Egil,* oder eine Auswahl und Bearbeitung wie etwa das *Isländerbuch* von Bonus. Aus den neueren skandinavischen Literaturen wählen wir Andersens *Märchen* und die Erzählungen Jacobsens, die Hauptstücke von Ibsen und mehrere Bände Strindberg, obwohl die letzten beiden vielleicht späteren Zeiten nicht mehr so viel bedeuten werden.

Besonders reich ist die russische Literatur des letzten Jahrhunderts. Da der große Klassiker der russischen Sprache, Puschkin, zu den unübersetzbaren gehört, beginnen wir mit Gogol, dessen *Tote Seelen* und kleine Erzählungen wir unserer Bücherei einreihen, wir nehmen von Turgenjew *Väter und Söhne,* ein heute schon etwas vergessenes Meisterwerk, und den *Oblomow* von Gontscharow. Von Tolstoi, dessen großes Künstlertum zeitweise etwas über der Problematik seiner Predigten und Reformversuche vergessen worden ist, sind uns zumindest die Romane *Krieg und Frieden* (vielleicht der schönste russische Roman) und *Anna Karenina* notwendig, doch wollen wir auch seine *Volkserzählungen* nicht missen. Und von Dostojewskij dürfen wir weder die *Karamasows* vergessen noch den *Raskolnikow,* noch auch sein beseeltestes Werk, den *Idioten.*

Nun haben wir von China bis Rußland, vom frühesten Altertum bis an die Grenze unserer Tage, die Literaturen mancher Völker durchstöbert und eine Menge des Bewundernswerten und Liebenswerten gefunden und haben doch unseren größten Schatz, unsere eigene deutsche Dichtung, noch unbesichtigt gelassen. Einzig vom Nibelungenlied und einigen Erscheinungen des späteren Mittelalters war die Rede. Jetzt wollen wir diese Welt, unsere deutsche Literatur seit etwa 1500, noch mit besonderer Liebe betrachten und uns das auswählen, was wir davon am meisten zu lieben und uns zu eigen gemacht zu haben glauben.

Von LUTHER haben wir das Hauptwerk schon ganz zu Anfang genannt, die *deutsche Bibel*. Wir wollen aber von ihm auch einen Band kleinerer Schriften besitzen, entweder einige seiner volkstümlichsten *Flugschriften* enthaltend oder eine Auswahl der *Tischreden* oder ein Buch wie etwa das im Jahre 1871 erschienene *Luther als deutscher Klassiker*.

Während der Gegenreformation erscheint in Breslau ein merkwürdiger Mensch und Dichter, von dessen Werk uns lediglich ein schmales Büchlein voll Verse angeht – dies aber gehört zu den sublimsten Blüten deutscher Frömmigkeit und Dichtung: der *Cherubinische Wandersmann* des ANGELUS SILESIUS. Im übrigen mag für die Lyrik der Zeit vor Goethe eine Auswahl genügen, etwa meine *Lieder deutscher Dichter*. Aus der Lutherzeit scheint uns noch der Nürnberger volkstümliche Dichter HANS SACHS durchaus der Aufnahme in unsere Sammlung würdig. Ihm reihen wir den *Simplicissimus* von GRIMMELSHAUSEN an, in dem die Zeit des Dreißigjährigen Krieges wild und grimmig aufklingt, ein Meisterwerk an Frische und blühender Originalität. Bescheidener, aber unserer Liebe wohl würdig, steht daneben der *Schelmuffsky* von CHR. REUTER, dem kräftigen Humoristen. In diese Gegend unserer Bücherei stellen wir auch die *Abenteuer des Barons Münchhausen,* die im 18. Jahrhundert verfaßt sind. Und nun sind wir an der Schwelle des großen Jahrhunderts der neueren deutschen Dichtung. Mit Freude stellen wir die Bände von LESSING auf, es brauchen nicht die vollständigen Werke zu sein, aber sie müssen auch etwas von seinen Briefen enthalten. KLOPSTOCK? Die schönsten seiner *Oden* finden wir in unserer Anthologie, das genügt. Schwierig ist es mit HERDER, der sehr vergessen ist und doch sicherlich seine Rolle noch nicht ausgespielt hat – es lohnt sich sehr, von Zeit zu Zeit in ihm herumzublättern und zu lesen, wenn auch keines seiner größeren Werke als Ganzes noch standhält. Bei Reclam gibt es eine dreibändige gute Auswahl. Auch bei WIELAND ist eine Gesamtausgabe sehr entbehrlich, sein *Oberon* aber und womöglich auch die *Geschichte der Abderiten* darf nicht fehlen. Freundlich, witzig, ein spielerischer Kalligraph der Form, an der Antike und den Franzosen geschult, Anhänger der Aufklärung, aber nicht auf Kosten der Phantasie, ist Wieland eine eigene, allzusehr vergessene Gestalt in unserer Geschichte.

Von GOETHE nehmen wir in unsere Sammlung die schönste und vollständigste Ausgabe auf, die unsere Mittel uns irgend erlauben. Mag von den Gelegenheitsdramen, von den Aufsätzen und Rezensionen dies und jenes wegbleiben, die eigentlichen Dichtungen, auch die lyrischen Gedichte, müssen wir ungekürzt haben. Hier, in diesen Bänden, tönt alles an, was uns Seelenschicksal ist, und vieles davon wird endgültig formuliert. Und welch ein Weg vom *Werther* zur *Novelle*, von den frühen Gedichten zum zweiten Teil des *Faust*! Neben den Werken müssen wir auch die wichtigsten biographischen Dokumente haben, die *Gespräche Eckermanns* und einige der Briefwechsel, vor allem den mit Schiller und mit der Frau von Stein. Aus dem Freundeskreis des jungen Goethe ist manches hervorgegangen, vielleicht das Schönste ist *Heinrich Stillings Jugend* von JUNG-STILLING. Wir stellen dieses liebe Buch in die Nähe Goethes und ebenso eine Auswahl aus den Schriften von MATTHIAS CLAUDIUS, dem *Wandsbecker Boten*.

Bei SCHILLER neige ich zu Konzessionen. Obwohl ich die Mehrzahl seiner Schriften kaum je mehr zur Hand nehme, ist das Ganze dieses Mannes, sein Geist und Leben doch etwas so Großes und Bezwingendes, daß ich an ein dauerndes Erlöschen dieses Gestirnes nicht glauben kann. Seine Prosaschriften (nicht die historischen, sondern die ästhetischen) und die Reihe seiner großen Gedichte aus der Zeit um 1800 ziehen wir vor, und wir stellen hinzu das Buch *Schillers Gespräche* von Petersen. Gern würde ich aus jener Zeit noch manches hinzufügen, Bücher von MUSÄUS, von HIPPEL, von THÜMMEL, von MORITZ, von SEUME – aber wir müssen unerbittlich sein und dürfen nicht in eine Bibliothek, die auf MUSSET und VICTOR HUGO verzichtet, Liebenswürdigkeiten kleineren Formates hineinschmuggeln. Aus der einzigartigen Zeit um 1800, Deutschlands geistig reichster Zeit, haben wir ohnehin noch eine Reihe von Autoren ersten Ranges einzureihen, zum Teil solche, die bis vor kurzem infolge von Zeitströmungen und auch infolge einer sehr beschränkten Art von Literaturgeschichtsschreibung entweder überhaupt vergessen oder unglaublich unterschätzt waren. So kann man über JEAN PAUL, einen der größten deutschen Geister, noch heute in populären Literaturgeschichten, die Tausenden von Studenten als Handbuch dienen, abgeschriebene Urteile einer verschollenen Kritik antreffen, in denen vom Bild dieses Dichters nichts mehr übrigbleibt. Wir rächen uns dafür, indem wir von Jean Paul die vollständigste Ausgabe aufstellen, welche wir finden können. Wer das übertrieben findet, der halte sich wenigstens für verpflichtet, die Hauptwerke zu besitzen: die *Flegeljahre,* den *Siebenkäs* und den *Titan.* Und das *Schatzkästlein* des klassischen Anekdotenerzählers J. P. HEBEL dürfen wir auch nicht vergessen.

Von HÖLDERLIN gibt es neuerdings mehrere gute und vollständige Ausgaben, eine von ihnen stellen wir mit Andacht auf; oft werden wir diesen edlen Schatten beschwören, oft dieser Zauberstimme lauschen. Die Werke des NOVALIS sollen ihm von der einen, die von CLEMENS BRENTANO von der anderen Seite Nachbarn sein, leider fehlt von Brentano noch eine wirklich genügende Ausgabe. Seine Erzählungen und Märchen sind nie ganz vergessen worden, die tiefe Sprachmusik seiner Gedichte haben erst wenige entdeckt. Ein gemeinsames Denkmal für ihn und seine Schwester BETTINA ist das Buch *Clemens Brentanos Frühlingskranz.* Die von ihm und Arnim besorgte Sammlung deutscher Volkslieder *Des Knaben Wunderhorn* gehört als eines der schönsten und originellsten deutschen Bücher natürlich mit dazu. Von ARNIM müssen wir einen Band Novellen in guter Auswahl haben, Prachtstücke wie die *Majoratsherren* und die *Isabella von Ägypten* dürfen darin nicht fehlen. Einige Erzählungen von TIECK (vor allem *Der blonde Eckbert, Des Lebens Überfluß* und *Aufruhr in den Cevennen*) sowie sein *Gestiefelter Kater,* wohl das launigste Stück der deutschen Romantik, schließen sich an. Von GÖRRES fehlt eine brauchbare Ausgabe leider. Auch ein Kabinettstück wie FRIEDRICH SCHLEGELS *Geschichte Merlins* ist seit Jahrzehnten nicht mehr gedruckt worden! Von FOUQUÉ kommt einzig die hübsche *Undine* für uns in Betracht.

Die Werke HEINRICH VON KLEISTS müssen wir vollständig haben, die Dramen sowohl wie die Erzählungen, Aufsätze und Anekdoten. Auch er ist von seinem Volke erst spät entdeckt worden. Von CHAMISSO genügt uns der *Peter Schlemihl,* doch gebührt dem kleinen Büchlein ein Ehrenplatz. Von EICHENDORFF nehmen wir eine möglichst vollständige Ausgabe: außer den *Gedichten* (den deutschesten, die es gibt) und dem beliebten *Taugenichts* müssen auch die übrigen Erzählungen alle vorhanden sein, dagegen sind die Dramen und theoretischen Schriften entbehrlich. Von E. T. A. HOFFMANN, dem virtuosesten Erzähler der Romantik, sollten wir ebenfalls mehrere Bände haben, nicht nur die beliebtesten seiner kürzeren Geschichten, sondern auch den Roman *Elixiere des Teufels.* HAUFFS *Märchen* und UHLANDS *Gedichte* seien zur Wahl gestellt, wichtiger sind die *Gedichte* LENAUS und die der DROSTE, beides einzigartige Sprachmusikanten. Von FRIEDRICH HEBBELS *Dramen* ein oder zwei Bände, dazu seine *Tagebücher*, wenigstens in Auswahl, und eine anständige, nicht zu knappe Ausgabe der *Werke* HEINES (auch Prosa!) dürfen nicht fehlen. Und dann eine hübsche, reichliche Ausgabe von MÖRIKE, vor allem die *Gedichte,* dann den *Mozart* und das *Hutzelmännlein,* womöglich auch den *Maler Nolten.* An ihn mag sich ADALBERT STIFTER anschließen mit dem *Nachsommer,* den *Studien* und den *Bunten Steinen,* der letzte Klassiker deutscher Prosa.

Aus der Schweiz sind dem deutschen Schrifttum im letzten Jahrhundert drei bedeutende Erzähler zugewachsen: JEREMIAS GOTTHELF, der Berner, der großartige Epiker des Bauerntums, und die Züricher GOTTFRIED KELLER und C. F. MEYER. Von Gotthelf nehmen wir die beiden *Uli*-Romane, von Keller den *Grünen Heinrich, Die Leute von Seldwyla* und auch das *Sinngedicht,* von Meyer den *Jürg Jenatsch.* Von beiden gibt es auch Gedichte von hohem Rang – wir suchen sie, wie noch manche andere Dichternamen, die zu nennen kein Raum war, in einer guten Blütenlese der neueren Lyrik, deren es ja manche gibt. Wer Lust hat, nehme noch SCHEFFELS *Ekkehard* dazu, und ein Wort möchte ich auch für WILHELM RAABE einlegen: seinen *Abu Telfan* und *Schüdderump* sollten wir uns nicht entgehen lassen. Aber damit hören wir auf – natürlich nicht, um uns der zeitgenössischen Bücherwelt zu verschließen, nein, es soll auch für sie in unseren Gedanken und in unserer Bibliothek Raum sein, doch gehört sie nicht mehr zu unserem Thema. Was in den Bestand gehört, der Generationen überdauert, darüber hat die eigene Zeit nicht zu urteilen.

Wenn ich nun am Schluß unseres Rundgangs auf meine Arbeit zurücksehe, so kann ich mir deren Lückenhaftigkeit und Ungleichheit nicht verhehlen. Ist es richtig, in eine Weltbibliothek die Abenteuer des Barons Münchhausen aufzunehmen, die indische *Bhagavadgita* aber wegzulassen? Durfte ich, wenn ich gerecht sein wollte, die herrlichen Lustspieldichter des älteren Spaniens unterschlagen und die Volkslieder der Serben und die irischen Feenmärchen und so unendlich viel anderes? Wiegt ein Novellenband von Keller wirklich den THUKYDIDES auf und der *Maler Nolten* das indische *Pancatantram* oder das chinesische Orakelbuch *I Ging*? Nein, natürlich nicht! Und so wird es denn leicht sein, meine Auswahl aus der Weltliteratur als höchst subjektiv und launenhaft aufzuzeigen. Schwer aber, vielmehr unmöglich wird es sein, sie durch eine andere, völlig gerechte, völlig objektive zu ersetzen. Dann müßten alle jene Autoren und Werke aufgenommen werden, die wir seit Knabenzeiten gewohnt sind, in allen Literaturgeschichten anzutreffen, und deren Inhaltsangaben eine Literaturgeschichte immer wieder von der anderen abschreibt, denn um sie wirklich zu lesen, ist das Leben zu kurz. Und offen gestanden, ein guter schöner Vers eines deutschen Dichters, dessen Melodie ich bis in die letzte Schwingung zu kosten weiß, gibt mir unter Umständen sehr viel mehr als das ehrwürdigste Werk der Sanskrit-Literatur, wenn es mir nur in der steifen, ungenießbaren Übersetzung irgendeines Nichtskönners zugänglich ist. Und außerdem sind Kenntnis und Schätzung der Dichter und ihrer Bücher oft sehr wechselndem Geschick unterworfen. Wir verehren heute Dichter, die vor zwanzig Jahren in einer Literaturgeschichte nicht zu finden waren. (Um Gottes willen, da fällt mir ein schweres Versehen ein: Ich habe den Dichter GEORG BÜCHNER, gestorben 1837, vergessen, den Dichter des *Woyzeck*, des *Danton,* der *Leonce und Lena*! Natürlich darf er nicht fehlen!) Das, was uns Heutigen aus der deutschen Dichtung der klassischen Zeit wichtig und lebendig zu sein scheint, ist keineswegs dasselbe, was ein guter Kenner dieser Literatur noch vor fünfundzwanzig Jahren als unvergänglich bezeichnet hätte. Während das deutsche Volk den *Trompeter von Säckingen* las und die Gelehrten in ihren Nachschlagebüchern uns den Theodor Körner als Klassiker empfahlen, war Büchner unbekannt, Brentano völlig vergessen, Jean Paul als verludertes Genie auf der schwarzen Liste! Und so werden unsere Söhne und Enkel wieder unsere heutigen Auffassungen und Schätzungen arg rückständig finden. Dagegen gibt es keine Versicherung, auch nicht in der Gelehrsamkeit. Doch beruht dieses ewige Schwanken der Schätzungen, dieses Vergessenwerden von Geistern, welche dann einige Jahrzehnte später wieder entdeckt und hoch gepriesen werden, keineswegs nur auf der menschlichen Schwäche und Unbeständigkeit, sondern unterliegt Gesetzen, welche wir zwar nicht genau formulieren, wohl aber ahnen und erfühlen können. Nämlich alles Geistesgut, das einmal über eine gewisse Frist hinaus gewirkt und sich bewährt hat, gehört dem Bestand der Menschheit an und kann jederzeit wieder hervorgeholt und zu neuem Leben erweckt werden, je nach den Strömungen und seelischen Bedürfnissen der jeweils lebenden Generation. Unsere Großväter haben nicht nur eine ganz andere Vorstellung von Goethe gehabt als wir, sie haben nicht nur den Brentano vergessen und den Tiedge oder den Redwitz oder andere Modedichter überschätzt – sie haben auch das *Tao-te-King* des Lao-tse, eines der führenden Menschheitsbücher, gar nicht gekannt, denn das Wiederentdecken des alten China und seiner Weisheit war eine Angelegenheit unserer heutigen Welt und Zeit, nicht der unserer Großväter. Dafür haben wir heute ohne Zweifel manche große und herrliche Provinz der Geisteswelt aus den Augen verloren, die unseren Ahnen wohlbekannt war und die von unseren Enkeln wieder wird entdeckt werden müssen.

Gewiß, wir haben da beim Aufbau unserer idealen kleinen Bibliothek ohne Zweifel ziemlich grob gewirtschaftet, wir haben Kleinode übersehen, wir haben ganze gewaltige Kulturkreise weggelassen. Oder wie steht es etwa mit den Ägyptern? Sind diese paar tausend Jahre einer so hohen und einheitlichen Kultur, diese strahlenden Dynastien, diese Religion mit ihren mächtigen Systemen und ihrem unheimlichen Todeskult – ist das alles nichts für uns, soll das alles in unserer Bibliothek nichts hinterlassen haben? Und doch ist es so. Die Geschichte Ägyptens gehört für mich zu einer Art von Büchern, welche ich bei unsrer Betrachtung ganz weggelassen habe: zu den Bilderbüchern nämlich. Es gibt mehrere Werke über die Kunst der Ägypter, namentlich die von Steindorff und von Fechheimer, mit wunderbaren Abbildungen, und diese Werke habe ich viel in Händen gehabt, aus ihnen weiß ich das, was ich über Ägypten zu wissen glaube. Aber ein Buch, das uns die Literatur Ägyptens nahebringen würde, kenne ich nicht. Ich las einmal vor vielen Jahren mit Aufmerksamkeit ein Werk über die Religion Ägyptens, darin waren auch Teile von ägyptischen Texten, Gesetzen, Grabinschriften, Hymnen und Gebeten mitgeteilt, aber so sehr das Ganze mich inhaltlich interessierte, es blieb mir doch wenig davon übrig; jenes Buch war gut und brav, aber es war kein klassisches. Und so fehlt denn Ägypten in unsrer Sammlung. Aber da fällt mir schon wieder eine unbegreifliche Vergeßlichkeit und Unterlassungssünde ein! Meine Vorstellung von Ägypten beruht, wenn ich mich entsinne, keineswegs bloß auf jenen Bilderwerken und jenem religionsgeschichtlichen

31

Buch, sondern ebenso stark auf der Lektüre eines von mir sehr geliebten griechischen Schriftstellers, nämlich des HERODOT, der sehr in die Ägypter verliebt war und eigentlich mehr von ihnen hielt als von seinen ionischen Landsleuten. Und diesen Herodot habe ich also richtig vergessen. Das muß gutgemacht werden, es gebührt ihm ein Ehrenplatz unter den Griechen.

Wenn ich nun aber die von uns aufgestellte Liste der Ideal-Bibliothek immer wieder betrachte und mustere, so halte ich sie zwar für reichlich unvollständig und fehlerhaft, aber dennoch ist nicht dies der Schönheitsfehler, der mich an unsrer Bibliothek am meisten stört. Je mehr ich sie mir als Ganzes vorzustellen suche, diese zwar subjektiv und ohne Pedanterie, aber doch nach manchen Kenntnissen und Erfahrungen zusammengestellte Büchersammlung, desto mehr scheint sie mir eigentlich nicht an ihrer Subjektivität und Zufälligkeit zu kranken, sondern vielmehr am Gegenteil. Unsre kleine Ideal-Bibliothek ist, trotz ihrer Mängel, mir im Grunde zu ideal, sie ist mir zu sehr geordnet, zu sehr Schmuckkästchen. Mag auch dies und jenes Gute vergessen sein, die schönsten Perlen der Dichtung aller Zeiten sind ja doch da, an Güte und objektivem Wert kann unsre Sammlung nicht mehr viel übertroffen werden. Aber wenn ich mich vor diese von uns ausgedachte Bücherei stelle und mir vorzustellen suche, wer nun wohl der Schöpfer und Besitzer dieser Sammlung sein möchte, so vermag ich mir diesen Besitzer nicht vorzustellen, es ist weder ein alter verbohrter Gelehrter mit eingesunkenen Augen und aszetischem Nachtwachengesicht, noch ist es ein Weltmann in seinem hübschen modischen Haus, noch ein Landarzt oder Geistlicher, noch eine Dame. Unsre Bibliothek sieht sehr hübsch und sehr ideal aus, aber allzu unpersönlich; ihr Katalog ist so, daß beinahe jeder alte Bücherfreund ihn in den Grundlagen beinahe gleich aufgestellt hätte. Würde ich unsre Bibliothek in der Wirklichkeit vor mir sehen, so würde ich dabei denken: Eine recht brave Sammlung, lauter bewährte Stücke – aber hat der Besitzer dieser Bücher denn gar keine Liebhabereien, hat er keine Vorlieben, keine Leidenschaften, hat er nichts im Herzen als einige Literaturgeschichte? Wenn er zum Beispiel zwei Romane von Dickens besitzt und zwei von Balzac, so hat er sich die eben aufschwatzen lassen. Würde er wirklich persönlich und lebendig gewählt haben, so würde er entweder beide lieben und von beiden möglichst viel besitzen, oder er würde den einen dem andern vorziehen, er würde den hübschen, liebenswerten, charmanten Dickens viel lieber haben als den etwas brutalen Balzac, oder aber er würde Balzac lieben, würde alle seine Bücher haben wollen und würde den allzu süßen, allzu braven, allzu bürgerlichen Dickens wieder aus seiner Bücherei hinauswerfen. Irgendeine solche persönliche Prägung muß eine Bibliothek haben, die mir gefallen soll.

Ich sehe nun, um unsren allzu korrekten, allzu neutralen Katalog wieder etwas in Unordnung zu bringen und um zu zeigen, wie etwa es bei einem persönlichen, lebendigen, leidenschaftlichen Umgang mit Büchern zugehe, keinen anderen Weg als den, daß ich einige meiner eigenen Leserleidenschaften bekenne. Mir ist schon sehr früh das Leben mit Büchern vertraut geworden, und auch das Streben nach einer klug und gerecht auswählenden Lektüre der Weltliteratur ist mir nicht fremd geblieben, ich habe aus vielen Schüsseln gegessen und mir das Kennenlernen und Verstehen manches mir Fremden zur Pflicht gemacht. Aber dies Lesen als Studium, dies Kennenlernen fremder Literaturen aus Bildungs- und Gerechtigkeitssinn war meiner Natur gar nicht gemäß, sondern immer wieder hat innerhalb der Welt der Bücher irgendwie besondere Verliebtheit mich ergriffen, eine besondere Neuentdeckung mich entzückt, eine neue Leidenschaft mir warm gemacht. Viele solche Leidenschaften haben einander abgelöst, einige von ihnen sind in gewissen Perioden wiedergekehrt, andre waren einmalig und haben sich wieder verloren. Darum gleicht auch meine eigene Privatbücherei keineswegs jenem oben aufgestellten Muster, obwohl sie die dort genannten Bücher so ziemlich alle enthält. Sondern meine Bücherei hat da und dort Erweiterungen und Blähungen, und so wird es jeder aus echtem Bedürfnis entstandenen Bücherei gehen: gewisse Teile werden pflichtgemäß und mager bedacht sein, andre Teile aber werden Schoßkinder und Lieblinge sein und ein verwöhntes und gepflegtes Aussehen haben.

Solche besondere Abteilungen nun, die mit ganz eigener Liebe gepflegt wurden, hat meine Bücherei manche gehabt, und nicht von allen kann ich hier erzählen, aber es soll von den wichtigsten die Rede sein. Wie in einem einzelnen Menschen sich die Weltliteratur spiegelt, wie sie ihn bald von der, bald von jener Seite anzieht, wie sie seinen Charakter bald beeinflußt und bildet, bald von ihm dirigiert und vergewaltigt wird, davon will ich ein wenig erzählen.

Bücherfreude und Lesetrieb hatten bei mir früh begonnen, und in den ersten Jugendjahren war die einzige große Bibliothek, die ich kannte und benutzen durfte, die meines Großvaters. Der weitaus größte Teil dieser gewaltigen Bibliothek von vielen tausend Bänden war mir gleichgültig und blieb es immer, ich konnte gar nicht begreifen, wie man in solchen Mengen Bücher dieser Art anhäufen könne: historische und erdkundliche Jahrbücher in langen Reihen, theologische Werke in englischer und französischer Sprache, englische Jugendschriften und Erbauungsbücher mit Goldschnitt, endlose Fächer voll gelehrter Zeitschriften, sauber in Karton gebunden oder jahrgangweise in Päcken verschnürt. Das alles schien mir recht langweilig, staubig und kaum des Aufbewahrens wert zu sein.

Aber nun hatte diese Bibliothek, wie ich allmählich entdeckte, auch andere Abteilungen. Zunächst waren es einige einzelne Bücher, die mich anzogen und mich veranlaßten, das Ganze dieser so öde scheinenden Bücherei allmählich zu durchstöbern und das für mich Interessante herauszufischen.

Es war da nämlich ein *Robinson Crusoe* mit ganz entzückenden Zeichnungen von Grandville, und eine deutsche Ausgabe von *Tausendundeine Nacht,* zwei schwere Quartbände aus den dreißiger Jahren, ebenfalls illustriert. Diese beiden Bücher zeigten mir, daß es in diesem trüben Meere auch Perlen zu fischen gebe, und ich ließ nicht nach, die hohen Bücherregale des Saales abzusuchen, oft saß ich dabei stundenlang hoch oben auf einer Leiter oder lag bäuchlings am Boden, wo überall unzählige Bücher gestapelt lagen.

Hier nun, in diesem geheimnisvollen und staubigen Büchersaal, machte ich die erste wertvolle Entdeckung auf dem Gebiete der Dichtung: ich entdeckte die deutsche Literatur des 18. Jahrhunderts! Sie war in dieser seltsamen Bücherei in einer seltenen Vollständigkeit vorhanden, nicht etwa nur der *Werther*, die *Messiade* und einige Almanache mit Kupfern von Chodowiecki, sondern auch weniger bekannte Schätze: HAMANNS sämtliche Schriften in neun Bänden, der gesamte JUNG-STILLING, der ganze LESSING, die Gedichte von WEISSE, von RABENER, von RAMLER, von GELLERT, die sechs Bände *Sophies Reise von Memel nach Sachsen,* einige Literaturzeitungen und verschiedene Bände von JEAN PAUL. Übrigens erinnere ich mich auch, damals zum erstenmal den Namen Balzac gelesen zu haben, es fanden sich einige blaue Kartonbändchen in Sedezformat, eine deutsche Ausgabe von Balzac, noch zu dessen Lebzeiten erschienen. Ich habe nicht vergessen, wie ich diesen Dichter zum erstenmal in die Hand bekam und wie wenig ich ihn verstand. Ich begann in einem der Bände zu lesen, da wurden die Vermögensverhältnisse des Helden ausführlich dargelegt, wieviel monatliche Einkünfte aus seinem Gut er habe, wieviel mütterliches Erbe, welche Aussichten auf weitere Erbschaften, wieviel Schulden usw. Ich war tief enttäuscht. Ich hatte erwartet, von Leidenschaften und Verstrickungen zu hören, von Reisen in wilde Länder oder von süßen verbotenen Liebeserlebnissen, und statt dessen sollte ich mich da für den Geldbeutel eines jungen Mannes interessieren, von dem ich noch gar nichts wußte! Angewidert legte ich das kleine blaue Buch wieder an seinen Ort, und habe dann viele Jahre lang nie mehr ein Buch von Balzac gelesen, bis ich ihn, sehr viel später, von neuem entdeckte, diesmal ernstlich und für immer.

Aber das Erlebnis jener großväterlichen Bibliothek war für mich also die deutsche Dichtung des 18. Jahrhunderts. Da lernte ich wunderliche verschollene Dinge kennen: BODMERS *Noachide,* GESSNERS *Idyllen,* die Reisen GEORG FORSTERS, den ganzen MATTHIAS CLAUDIUS, des Hofrats von ECKARTSHAUSEN *Tiger von Bengalen,* die *Klostergeschichte Siegwart,* HIPPELS *Kreuz- und Querzüge* und unzähliges andre. Es waren unter diesen Schmökern ohne Zweifel sehr viele entbehrliche, viele mit vollem Recht vergessene und verworfene Dichtungen, aber es waren auch wunderbare *Oden* von KLOPSTOCK, Seiten einer zärtlich eleganten Prosa von GESSNER und von WIELAND, wunderliche erschütternde Geistesblitze von HAMANN darunter, und auch das Minderwertige gelesen zu haben, darf ich nicht bereuen, denn eine gewisse geschichtliche Periode recht reichlich und ausgiebig kennenzulernen, hat auch seine Vorzüge. Kurz, ich lernte das deutsche Schrifttum eines Jahrhunderts in einer Vollständigkeit kennen, wie es kaum ein gelehrter Fachmann kannte, und aus den zum Teil zopfigen und kauzigen Büchern wehte mir doch der Atem einer Sprache entgegen, meiner lieben Muttersprache, die gerade während jenes Jahrhunderts ihre klassische Blüte vorbereitete. Ich habe in jener Bibliothek, in jenen Almanachen, in jenen staubigen Romanen und Heldengedichten Deutsch gelernt, und als ich dann, dicht darauf, Goethe und die ganze Hochblüte der deutschen Dichtung neuerer Zeit kennenlernte, war mein Ohr und Sprachgewissen geschärft und geschult, und die spezielle Art von Geistigkeit, aus welcher Goethe und die deutsche Klassik herkam, war mir vertraut und geläufig geworden. Noch heute habe ich eine Vorliebe für jene Literatur, und manche jener verschollenen Dichtungen stehen noch heut in meiner Bücherei.

Wieder um manche Jahre später, während deren ich viel

erlebt und viel gelesen hatte, begann eine andre Provinz der Geistesgeschichte mich anzuziehen, nämlich das alte Indien. Es ging nicht auf geradem Wege. Ich lernte durch Freunde gewisse Schriften kennen, die man damals theosophisch nannte und in denen eine okkulte Weisheit stehen sollte. Die Schriften, zum Teil dicke Wälzer, zum Teil winzige schäbige Traktätchen, waren alle etwas unerfreulicher Art, unangenehm lehrhaft und tantenhaft altklug, sie hatten eine gewisse Idealität und Weltfremdheit, die nicht unsympathisch war, aber auch eine Blutleere und etwas altjüngferliche Erbaulichkeit, die ich ganz abscheulich fand. Dennoch fesselten sie mich eine ganze Weile, und bald hatte ich das Geheimnis dieser Anziehung entdeckt. Alle diese Geheimlehren nämlich, welche den Verfassern dieser sektiererhaften Bücher angeblich von unsichtbaren geistigen Führern sollten zugeflüstert worden sein, wiesen auf eine gemeinsame Herkunft, auf die indische. Von da aus suchte ich weiter, und bald tat ich den ersten Fund, ich las mit Herzklopfen eine Übersetzung der *Bhagavadgita*. Es war eine schauderhafte Übersetzung, und bis heute kenne ich keine wirklich schöne, obwohl ich mehrere las, aber hier fand ich zum erstenmal ein Korn von dem Gold, das ich bei dieser Suche geahnt hatte: Ich entdeckte den asiatischen Einheitsgedanken in seiner indischen Gestalt. Von da an hörte ich auf, jene wichtigtuenden Schriftchen über Karma und Wiedergeburtslehre zu lesen und mich über ihre Enge und Schulmeisterei zu ärgern; statt dessen suchte ich mir anzueignen, was mir an echten Quellen erreichbar war. Ich lernte Oldenbergs und Deußens Bücher und ihre Übersetzungen aus dem Sanskrit kennen, Leopold Schröders Buch *Indiens Literatur und Kultur*, einige ältere Übersetzungen indischer Dichtungen. Zusammen mit der Gedankenwelt SCHOPENHAUERS, die mir in jenen Jahren wichtig geworden war, haben diese altindischen Weisheiten und Denkarten einige Jahre lang mein Denken und Leben stark beeinflußt. Indessen war immer ein Rest von Unbefriedigtsein und Enttäuschung dabei. Es waren erstens die Übersetzungen indischer Quellen, die ich auftreiben konnte, beinahe alle sehr mangelhaft, einzig Deußens *Sechzig Upanishaden* und Neumanns deutsche *Reden Buddhas* gaben mir einen reinen, vollen Geschmack und Genuß der indischen Welt. Aber es lag nicht allein an den Übersetzungen. Ich suchte in dieser indischen Welt etwas, was dort nicht zu finden war, eine Art von Weisheit, deren Möglichkeit und deren Vorhandensein, ja Vorhandenseinmüssen ich ahnte, die ich aber nirgends im Wort verwirklicht antraf.

Da brachte, wieder um manche Jahre später, ein neues Bücher-Erlebnis mir die Erfüllung – soweit in diesen Dingen von Erfüllung die Rede sein kann. Schon vorher hatte ich, durch meinen Vater auf ihn hingewiesen, den Lao-tse kennengelernt, zuerst in der Übersetzung von Grill. Und nun begann eine chinesische Bücherreihe zu erscheinen, die ich für eins der wichtigsten Ereignisse im deutschen Geistesleben halte: Richard Wilhelms Übersetzungen der chinesischen Klassiker. Eine der edelsten und höchstentwickelten Blüten menschlicher Kultur, bisher für uns Deutsche nur als ungekanntes belächeltes Kuriosum vorhanden, wurde uns zu eigen gegeben, nicht auf dem üblichen Umwege über Lateinisch und Englisch, nicht aus dritter und vierter Hand, sondern unmittelbar, übersetzt von einem Deutschen, der sein halbes Leben in

39

China gelebt und im geistigen China unglaublich zu Hause war, der nicht nur Chinesisch, sondern auch Deutsch konnte und der die Bedeutung der chinesischen Geistigkeit für das heutige Europa an sich erlebt hatte. Die Bücherreihe begann, bei Diederichs in Jena, mit den *Gesprächen* des KONFUZIUS, und ich werde nicht vergessen, wie erstaunt und märchenhaft entzückt ich dieses Buch in mich aufnahm, wie fremd und zugleich wie richtig, wie vorgeahnt, wie erwünscht und herrlich mir dies alles entgegenklang. Seither ist diese Bücherreihe stattlich geworden, nach dem Konfuzius sind der LAO-TSE, der DSCHUANG DSI, der MONG DSI, der LÜ BU WE, die *chinesischen Volksmärchen* deutsch erschienen. Gleichzeitig haben mehrere Übersetzer sich neu um die chinesische Lyrik bemüht und, mit größerem Gelingen, auch um die volkstümliche Erzählungsliteratur Chinas, da haben Martin Buber, H. Rudelsberger, Paul Kühnel, Leo Greiner und andre Schönes geleistet und Richard Wilhelms Werk angenehm ergänzt.

An diesen Chinesenbüchern nun habe ich seit anderthalb Jahrzehnten meine immer zunehmende Freude, eines von ihnen liegt meistens neben meinem Bett. Was jenen Indern gefehlt hatte: die Lebensnähe, die Harmonie einer edlen, zu den höchsten sittlichen Forderungen entschlossenen Geistigkeit mit dem Spiel und Reiz des sinnlichen und alltäglichen Lebens – das weise Hin und Her zwischen hoher Vergeistigung und naivem Lebensbehagen, das alles war hier in Fülle vorhanden. Wenn Indien in der Aszese und im mönchischen Weltentsagen Hohes und Rührendes erreicht hatte, so hatte das alte China nicht minder Wunderbares erreicht in der Zucht einer Geistigkeit, für welche Natur und Geist, Religion und

Alltag nicht feindliche, sondern freundliche Gegensätze bedeuten und beide zu ihrem Rechte kommen. War die indisch-aszetische Weisheit jugendlich-puritanisch in ihrer Radikalität des Forderns, so war die Weisheit Chinas die eines erfahrenen, klug gewordenen, des Humors nicht unkundigen Mannes, den die Erfahrung nicht enttäuscht, den die Klugheit nicht frivol gemacht hat.

Die besten Geister Deutschlands haben während der beiden letzten Jahrzehnte sich von diesem wohltätigen Stern berühren lassen, neben mancher heftig lauten und rasch wieder erloschenen Geistesbewegung ist Richard Wilhelms China-Werk in aller Stille stetig an Wichtigkeit und Einfluß gewachsen.

Wie die Vorliebe für das deutsche achtzehnte Jahrhundert, wie das Suchen nach indischer Lehre, wie das allmähliche Bekanntwerden mit den Lehren und Dichtungen Chinas meine Bücherei stark verändert und bereichert haben, so taten es auch noch manche andre Erlebnisse und geistige Verliebtheiten. Es gab zum Beispiel eine Zeit, da besaß ich fast alle großen italienischen Novellisten in Originalausgaben, den BANDELLO und den MASUCCIO, den BASILE und den POGGIO. Auch gab es eine Zeit, in der ich nicht genug bekommen konnte von den Märchen und Sagen fremder Völker. Diese Interessen sind langsam wieder erloschen. Andre aber sind geblieben und nehmen, wie mir scheint, mit dem Älterwerden eher zu als ab. Dazu gehört die Freude an Memoiren, Briefen und Biographien von Menschen, die mir einmal Eindruck gemacht haben. Schon in früher Jugend habe ich einige Jahre lang alles gesammelt und gelesen, was ich über Person und Leben GOETHES nur irgend auftreiben konnte. Meine Liebe zu MOZART hat mich dazu gebracht, nahezu alle seine Briefe und alles über ihn Aufgeschriebene zu lesen. Eine ähnliche Liebe hatte ich zuzeiten für CHOPIN, für den französischen Dichter GUERIN, der den *Centaur* gedichtet hat, für den venezianischen Maler GIORGIONE, für LEONARDO DA VINCI. Was ich über solche Menschen las, bestand nicht aus sehr wichtigen und wertvollen Büchern, und doch hat es mir, weil dahinter Liebe stand, manchen Gewinn gebracht.

Die heutige Welt neigt ein wenig zum Unterschätzen der Bücher. Man findet heute viele junge Menschen, denen es lächerlich und unwürdig scheint, statt lebendigen Lebens Bücher zu lieben, sie finden, dafür sei unser Leben allzu kurz und allzu wertvoll, und finden dennoch Zeit, sechsmal in der Woche viele Stunden bei Kaffeehausmusik und Tanz zuzubringen. Es mag nun in den Hochschulen und Werkstätten, in den Börsen und Vergnügungsstätten der ›wirklichen‹ Welt noch so lebhaft zugehen, wir sind dennoch in ihnen dem eigentlichen Leben nicht näher, als wir es sind, wenn wir täglich ein oder zwei Stunden für Weise und Dichter der Vorzeit übrighaben. Gewiß, es kann das viele Lesen Schaden anrichten, und die Bücher können dem Leben unlautere Konkurrenz machen. Ich warne darum doch niemand vor der Hingabe an Bücher.

Es wäre noch viel zu sagen und noch viel zu erzählen. Zu den schon berichteten Liebhabereien kam noch eine hinzu: das Suchen nach dem geheimen Leben des christlichen Mittelalters. Seine politische Geschichte war mir in ihren Einzelheiten gleichgültig, wichtig war mir nur die Spannung zwischen den beiden großen Mächten: Kirche und Kaisertum. Und besonders anziehend war mir das mönchische Leben, nicht wegen seiner aszetischen Seite, sondern weil ich in der mönchischen Kunst und Dichtung wunderbare Schätze fand und weil die Orden und Klöster mir als Freistätten eines fromm-beschaulichen Lebens beneidenswert, und als Stätten der Kultur und Bildung höchst vorbildlich erschienen. Bei meinen Streifzügen im mönchischen Mittelalter fand ich manches Buch, das nicht in unsre Ideal-Bücherei gehört und mir doch sehr lieb wurde, und ich fand auch solche, die ich der Aufnahme in unsre Liste sehr würdig finde, zum Beispiel die *Predigten* Taulers, das *Leben* Susos, die *Predigten* Eckharts.

Was mir heute als Inbegriff der Weltliteratur erscheint, wird meinen Söhnen einst ebenso einseitig und ungenügend vorkommen, wie es meinem Vater oder Großvater belächelnswert erschienen wäre. Wir müssen uns ins Unvermeidliche ergeben und dürfen uns nicht einbilden, klüger zu sein als unsre Väter. Streben nach Objektivität und Gerechtigkeit ist eine schöne Sache, wir wollen aber der Unerfüllbarkeit all dieser Ideale eingedenk bleiben. Wir wollen uns ja in unsrer hübschen Weltbibliothek nicht zu Gelehrten oder gar zu Weltrichtern emporlesen, sondern nur durch die uns zugänglichsten Pforten in das Heiligtum des Geistes eintreten. Beginne jeder mit dem, was er verstehen und lieben kann! Lesen lernen im höhern Sinne kann man nicht aus Zeitungen und nicht aus zufälliger Tagesliteratur, sondern nur aus Meisterwerken. Sie schmecken oft weniger süß und weniger pikant als die Modelektüre. Sie wollen ernst genommen werden, sie wollen erworben sein. Es ist leichter, einen zügig gespielten Tanz in sich eingehen zu lassen als die gemessenen und stählern federnden Abmessungen eines Dramas von Racine oder die zart abgestuften, reich spielenden Humore eines Sterne oder Jean Paul.

Ehe die Meisterwerke sich an uns bewähren, müssen wir uns erst an ihnen bewährt haben.

Nachwort

Die »Bibliothek der Weltliteratur« erscheint nicht auf meinen, sondern auf Wunsch vieler Freunde des Büchleins in neuer Auflage. Eine Neubearbeitung, sosehr sie nötig gewesen wäre, ist mir nicht möglich gewesen, das Leben ist kurz und die Last der täglichen Aufgaben groß.

Möge das Büchlein, das aus einer freundlicheren Zeit stammt,* auch jetzt wieder manchem Suchenden als erster Führer durch die Welt der Bücher dienen, bis er den Weg allein weiterfindet!

Hermann Hesse

Baden an der Limmat, im Dezember 1948

---

* Hermann Hesse schrieb »Eine Bibliothek der Weltliteratur« 1929 für die Universal-Bibliothek als erweiterte Fassung eines Aufsatzes, den er 1927 zu dem lexikalischen Werk »Reclam Praktisches Wissen« verfaßt hatte.   Philipp Reclam jun.

Deutsche Dichter

Leben und Werk deutschsprachiger Autoren

Herausgegeben von
Gunter E. Grimm und Frank Rainer Max

Band 1: Mittelalter. 480 S. UB 8611

Band 2: Reformation, Renaissance und Barock. 471 S.
UB 8612

Band 3: Aufklärung und Empfindsamkeit. 418 S. UB 8613

Band 4: Sturm und Drang, Klassik. 437 S. UB 8614

Band 5: Romantik, Biedermeier und Vormärz. 624 S.
UB 8615

Band 6: Realismus, Naturalismus und Jugendstil. 495 S.
UB 8616

Band 7: Vom Beginn bis zur Mitte des 20. Jahrhunderts.
572 S. UB 8617

Band 8: Gegenwart. 620 S. UB 8618

Das achtbändige, insgesamt über 4000 Seiten umfassende
Werk *Deutsche Dichter* ist deutschsprachigen Autoren vom
Mittelalter bis zur jüngeren Gegenwart gewidmet. Auf
anschauliche Weise schreiben Fachleute in Beiträgen von
5 bis zu 50 Seiten Umfang über Leben und Werk von
rund 300 bedeutenden Dichtern. Ein Porträt des Autors
und bibliographische Hinweise ergänzen die einzelnen
Darstellungen.

Philipp Reclam jun. Stuttgart

Deutschsprachige Erzähler der Gegenwart

IN RECLAMS UNIVERSAL-BIBLIOTHEK

Eine Auswahl

Klassische deutsche Kurzgeschichten. 363 S. UB 18251

Ilse Aichinger, Dialoge. Erzählungen. Gedichte. 110 S. UB 7939

H. C. Artmann, »wer dichten kann ist dichtersmann«. 101 S. UB 8264

Thomas Bernhard, Der Wetterfleck. 77 S. UB 9818

Heinrich Böll, Der Mann mit den Messern. 79 S. UB 8287

Deutsche Kurzprosa der Gegenwart. 240 S. UB 18387

Franz Fühmann, Die Verteidigung der Reichenberger Turnhalle. Das Judenauto. 80 S. UB 9858

Peter Handke, Noch einmal für Thukydides. 47 S. UB 8804

Rolf Hochhuth, Anekdoten und Balladen. 118 S. UB 18112 – Berliner Antigone. Erzählungen und Gedichte. 86 S. UB 8346

Gert Hofmann, Die Rückkehr des verlorenen Jakob Michael Reinhold Lenz nach Riga. 48 S. UB 9726

Marie Luise Kaschnitz, Der Tulpenmann. 87 S. UB 9824

Brigitte Kronauer, Die Tricks der Diva. 112 S. UB 18334

Adolf Muschg, Besuch in der Schweiz. 88 S. UB 9876

Luise Rinser, Jan Lobel aus Warschau. 77 S. UB 8897

Arno Schmidt, Windmühlen. 78 S. UB 8600

Wolfdietrich Schnurre, Ein Fall für Herrn Schmidt. 78 S. UB 8677

Christa Wolf, Neue Lebensansichten eines Katers. Juninachmittag. 69 S. UB 7686

Philipp Reclam jun. Stuttgart